DAWIDH ALVES

quando JESUS TEVE SEDE

EDITORA
CHAVE MESTRA®

2ª edição, 2022

Os textos Bíblicos citados estão em conformidade com a RA – SBB
(Almeida Revista e Atualizada, 2ª Edicão, Sociedade Bíblica do Brasil),
exceto quando citada outra versão.

Assistente editorial: Marcia Dias Alves

Revisão de texto: Misael Alves

Capa e diagramação: Henrique Martins Carvalho

Dados Internacionais de Catalogação na Publicação (CIP)

Alves, Dawidh (Organizador)
A474q Quando Jesus teve sede - encontre a razão da existência, na sede da fonte da vida / Alves, Dawidh (Org) – Barueri, SP:
Chave Mestra Editora, 2022.
72 p. : 16 x 23 cm

ISBN 978-65-84979-17-8

1. Espiritualidade. 2. Autoajuda. 3. Vida cristã. 4. Mindset. 5. Marketing pessoal.
6. Sucesso profissional I. Título.

CDD 158.1

---

www.editorachavemestra.com.br

DEDICATÓRIA

Para Márcia, minha melhor amiga, minha esposa, meu amor, que, por sua constante demonstração de amor por Jesus Cristo, me leva a declarar sempre que não conheço outra pessoa no mundo que melhor se qualifique para representar a palavra "adorador".

Com uma impressionante e verdadeira vida de adoração em espírito e em verdade, sua adoração nunca foi interrompida. Nem mesmo nos momentos mais difíceis, nem ainda no vale da sombra da morte.

Quando tudo era contrário e absolutamente desanimador, sua adoração ao seu Amado Rei permaneceu firme e sincera, ensinando, motivando e inspirando a todos que a conhecemos, comprovando assim que ela nasceu para adorar, e que todos também podemos cumprir o principal motivo de nossa existência: adorar ao Deus de amor, que nos criou para Sua Glória.

Amo você!

AGRADECIMENTOS

Meu louvor ao Senhor Jesus Cristo, Rei Meu e Deus Meu, Fonte da Vida, por Se tornar real para mim e saciar toda sede do meu coração, além de conceder-me o privilégio de serví-lO e ainda inspirar-me a escrever e compartilhar com outros, verdades transformadoras sobre Sua sede pessoal. Ao Rei, a glória!

Registro também minha gratidão àqueles cuja contribuição tornou possível a realização desse projeto.

Silvia Cristina Alves Ferreira Fuentes. Sua contribuição e todo empenho para que esse livro fosse apresentado ao público, abençoou tanto o meu coração, que essa nota se tornou indispensável.

Rogério Vale e Raquel Medeiros, nossos editores. Com sua generosidade, vocês me confirmam que as conexões do Espírito são sempre surpreendentes. Estamos juntos pelo Rei e Seu Reino.

Aos queridos, César Ferreira e Eliana Barreto Costa da Silva. Sua expressão de amor ao Senhor e por nós, abençoou nossos corações e certamente o fará com os leitores dessa Obra.

Oro para que o Aba os recompense segundo Suas riquezas em glória, por Cristo Jesus.

Os amamos!

INTRODUÇÃO À SEGUNDA EDIÇÃO

Me recordo de ter escrito esse livro com o coração transbordando de alegria por meus olhos terem sido abertos para as verdades contidas, porém escondidas, no capítulo quatro do Evangelho de João, que compartilho com você nas próximas páginas.

Ao descobrir todas essas preciosidades, queria compartilhá-las com o máximo de pessoas possível!

Passei a ensinar sobre o assunto nas igrejas, congressos e lugares onde tive a oportunidade de fazê-lo naquele ano de 2009. Mas precisava registrar; tinha que escrever.

Anos mais tarde, senti-me levado, creio que pelo Espírito Santo, a trabalhar nessa nova edição.

Algumas informações foram acrescentadas, frases alteradas, novos textos bíblicos inseridos, mas o conteúdo continua sendo surpreendente e inspirador.

Registro, a propósito, minha gratidão aos queridos amigos que recomendam a leitura e fizeram sugestões para alterações que tornaram essa edição ainda mais especial. Os Pastores Adhemar de Campos, Asaph Borba, Bené Gomes e Sóstenes Mendes, não são apenas amigos que me abençoam há décadas, mas também, compositores, cantores, ministros de adoração e escritores que edificam a Igreja de Jesus Cristo no Brasil e noutras nações ao longo de sua frutífera e admirável trajetória de vida e ministério. Uma honra poder contar com sua contribuição nesse projeto! Obrigado, amigos.

Creio, de verdade, que o Senhor irá ministrar ao seu coração através de "Quando Jesus Teve Sede" e oro em espírito, para que você aproveite ao máximo a leitura, as verdades e princípios compartilhados, sendo levado pelo Espírito Santo à uma melhor compreensão de Seu propósito para sua vida, bem como à maior comunhão com Ele, para uma vida de adoração mais profunda e de frutos mais abundantes.

Espero que quando nos encontremos ou quando você desejar e puder compartilhar, me conte os resultados de ter descoberto a real sede de Jesus.

Amo você!

Dawidh Alves

O chamado para uma vida de adoração, baseado no capítulo quatro do Evangelho de João, é perfeito para gerar em nós o entendimento de uma comunhão com Deus que começa aqui e continuará por toda eternidade. Desejo que a mensagem desse livro abençoe a muitos.

ADHEMAR DE CAMPOS
COMPOSITOR, CANTOR E MINISTRO DE ADORAÇÃO.
PASTOR NA COMUNIDADE DA GRAÇA EM SÃO PAULO / SP

O Espírito Santo de Deus, é um autor por excelência, e, quando se tem essa visão, temos os olhos aptos para ver que sempre existe algo novo que Deus quer trazer a sua Igreja. Foi assim que eu vi esse projeto escrito por meu amigo e irmão Dawidh Alves. Quero aqui recomendar esse precioso trabalho feito com a carga e a unção de um homem provado e aprovado por Deus.

ASAPH BORBA
COMPOSITOR, CANTOR, MINISTRO DE ADORAÇÃO E ESCRITOR.
MINISTÉRIO LIFE

Neste livro, Dawidh Alves aprofunda questões que nos levam a refletir sobre a incomparável graça de Jesus e o amor incondicional de Deus pelos seres humanos. Acredito piamente que ao final da leitura, sua visão a respeito do amor e da graça vai ser afetada definitivamente, o que se refletirá não apenas na sua experiência pessoal, mas principalmente na experiência de outros que ficarão impressionados e impactados com a transformação produzida pela cura interior de Deus no seu coração.

BENE GOMES
COMPOSITOR, CANTOR E MINISTRO DE ADORAÇÃO.
PASTOR DA NOVA IGREJA EM IPANEMA / RJ

O texto de João 4 ensina que nada, absolutamente nada que nos tenha acontecido anteriormente pode impedir Jesus de operar transformações. Ensina também que Ele deseja nos levar a um lugar de intimidade com o Pai. O Senhor nos quer como verdadeiros adoradores. Dawidh Alves é um servo do Senhor, um ministro tão usado por Deus para edificação da Igreja. Desejo que você, ao ler este livro, seja mais uma vez edificado e despertado para verdades transformadoras de Jesus na sua vida.

SÓSTENES MENDES
COMPOSITOR, CANTOR E MINISTRO DE ADORAÇÃO.
PASTOR DA COMUNIDADE CRISTÃ PROJETO ADORADORES EM BELO HORIZONTE / MG

PREFÁCIO

POR ASAPH BORBA

Hoje em dia está cada vez mais difícil escrever um livro cristão. Afirmo isso, primeiramente por termos inúmeras referências no mercado literário que o fizeram com primazia no decorrer dos últimos anos, pra não dizer no decorrer da história. Em função disso, parece que aqueles que hoje se postulam a escrever alguma coisa, não são merecedores do devido reconhecimento e credibilidade. Tudo que se escreve parece já ter sido escrito antes, por alguém. Contudo, tenho que discordar dessa tendência. Principalmente por crer que o Espírito Santo de Deus, é um autor por excelência, e, quando se tem essa visão, temos os olhos aptos para ver que sempre existe algo novo que Deus quer trazer a sua Igreja.

Foi assim que eu vi esse projeto escrito por meu amigo e irmão Dawidh Alves – QUANDO JESUS TEVE SEDE.

Segundo o próprio autor *a ideia central do livro é mostrar que Deus tem sede, ou seja, anela por comunhão conosco e que a adoração é o instrumento que proporciona isso.* Particularmente eu nunca havia reparado no texto de João 4 o fato de Jesus ter iniciado sua abordagem pedindo água à mulher samaritana. O que sempre realcei foi a afirmação do versículo 23 que fala *"que o Pai procura verdadeiros adoradores que o adorarão em espírito e em verdade"*.

Já no princípio de seu escrito, Dawidh, de forma inusitada, afirma: Ocorre que o Senhor estava preparando o cenário apropriado para o encontro com a desconhecida samaritana, sem dúvida, um dos encontros mais relevantes que Jesus teve por inúmeros fatos pontuados pelo autor, que com muita graça vai levando a entender a importância desse encontro, que sem dúvida foi também um encontro arriscado, por se tratar de uma mulher na terra proibida de Samaria.

Na continuidade, os segredos desse encontro vão sendo revelados levando o leitor a compreender que muito mais que água, Jesus estava sim, interessado com a vida daquela mulher, e também, em o quanto seu testemunho poderia ser importante para os samaritanos que dificilmente seriam alcançados por seus discípulos judeus. Jesus conhecia aquela mulher assim como conhece a você e a mim afirma o autor: *Só Ele, ninguém mais, pode nos inundar com a vida que Deus tem para os que O buscam, conclui.*

No final do primeiro capítulo, a curiosidade cresce a cerca da importância dessa mulher a quem Jesus revela tantos segredos concernentes à sua vida e obra.

Essa indagação começa ser respondida por deduções do autor e com muita revelação nos capítulos seguintes chegando a um dos pontos fortes da mensagem em que Alves realça que: *Já vimos que, apesar de toda a desordem se seu mundo interior, a atribulada samaritana, em algum lugar, no fundo de seu coração, ainda mantinha acesa a chama do desejo maior de sua vida: adorar a Deus da melhor forma possível.*

A partir desse ponto o livro mostra a importância da adoração nesse enlace de comunhão entre o Pai e seus filhos que acontece a partir de uma vida de adoração verdadeira que nasce do espírito.

O livro ainda realça a obra redentora de Cristo quando diz: *Ele desejava tanto a comunhão, o relacionamento conosco, a intimidade com Seus filhos outra vez, que impossibilitado de Se relacionar conosco por sermos nós pecadores, tornou-Se então um de nós, porque você só pode relacionar-se com o seu semelhante. Isso não é maravilhoso?*

Uma das conclusões mais inspiradoras do escrito é essa: *A comunhão gera relacionamento que, por sua vez, produz intimidade. Por esta intimidade, a semelhança se consolida em nós. O homem se torna semelhante ao Deus que adora!*

Sem querer dar um *spoiler,* isto é, não antever o desfecho, quero aqui recomendar esse precioso trabalho feito com a carga e a unção de um homem provado e aprovado por Deus.

Com amor

Asaph Borba, Ministério Life.

INTRODUÇÃO

O capítulo 4 do Evangelho de João nos relata, de forma detalhada, a experiência vivida por uma mulher samaritana de nome desconhecido, na oportunidade que lhe foi concedida por Deus, de conhecer pessoalmente a Jesus Cristo, o Senhor.

Não foi a samaritana que procurou por Jesus Cristo, como sempre acontecia com os que se encontraram com Ele nalguma oportunidade específica. Pelo contrário. Desta feita, Jesus é que se dirigiu a ela, à beira do poço um dia aberto pelo patriarca Jacó.

Ao sentir sede, o Messias Bendito trazia em sua mente e coração intenções mais profundas do que qualquer um de nós pode imaginar ao ler o texto, e segredos que, de tão importantes, nunca haviam sido revelados.

O que será que o Criador Universo tinha em mente quando se submeteu a passar por esta que é uma das mais básicas necessidades do ser humano - a sede?

Este precioso relato Bíblico já gerou um incontável número de mensagens ungidas, desafiadoras, inspiradoras, confortadoras e emocionantes, é claro! Creio, porém, que há, na experiência da samaritana, como simplesmente ficou conhecida a mulher em questão, algo que passou despercebido durante muito tempo aos olhos de quase todos nós, leitores e pregadores da Palavra de Deus.

O Espírito Santo sempre tem algo a nos ensinar em cada um dos relatos e histórias Bíblicas, bem como em todo o seu conteúdo. E como a Palavra de Deus é viva (Hebreus 4:12), ela sempre se renova, e você já deve ter percebido que, mesmo dos textos mais conhecidos como este, podemos extrair lições novas a cada leitura. Por vezes, ficamos impressionados descobrindo algo novo num texto que já havíamos lido antes. Não é mesmo?

No caso de alguns dos textos da Palavra, porém, é preciso certa dose de revelação para podermos ir além da letra pelo Espírito (2 Coríntios 3:6). Creio que do capítulo 4 de João, há mais para ser extraído do que já tínhamos feito até aqui.

A palavra é a mesma, o texto é o mesmo, mas ir além da letra e ver o que não era tão perceptivo torna a mensagem contida ali, numa nova e fresca revelação da Bendita e Eterna Palavra de Deus.

Oro, em meu espírito, para que você, querido leitor, seja levado para além da letra, e receba em seu espírito a revelação da mensagem contida neste lindo e tocante capítulo das Sagradas Escrituras. Que isto o leve a apaixonar-se mais pelo Senhor, aproximando você ainda mais de Sua Presença, para viver plenamente a razão de nossa existência.

Vamos a um profundo mergulho no capítulo quatro de João. Você irá surpreender-se!

Que o Espírito Santo leve você também ao Seu poço, ou seja, à fonte das revelações Bíblicas, para beber e saciar-se profundamente nas águas do Rio da Vida - Jesus!

Dawidh Alves

JOÃO 4.1-30

"Quando, pois, o Senhor veio a saber que os fariseus tinham ouvido dizer que ele, Jesus, fazia e batizava mais discípulos que João (se bem que Jesus mesmo não batizava, e sim os seus discípulos), deixou a Judéia, retirando-se outra vez para a Galiléia. E era-lhe necessário atravessar a província de Samaria. Chegou, pois, a uma cidade samaritana, chamada Sicar, perto das terras que Jacó dera a seu filho José. Estava ali a fonte de Jacó. Cansado da viagem, assentara-se Jesus junto à fonte por volta da hora sexta. Nisto, veio uma mulher samaritana tirar água. Disse-lhe Jesus: Dá-me de beber. Pois seus discípulos tinham ido à cidade para comprar alimentos. Então, lhe disse a mulher samaritana: Como, sendo tu judeu, pedes de beber a mim, que sou mulher samaritana (porque os judeus não se dão com os samaritanos)? Replicou-lhe Jesus: Se conheceras o dom de Deus e quem é o que te pede: dá-me de beber, tu lhe pedirias, e ele te daria água viva. Respondeu-lhe ela: Senhor, tu não tens com que a tirar, e o poço é fundo; onde, pois, tens a água viva? És tu, porventura, maior do que Jacó, o nosso pai, que nos deu o poço, do qual ele mesmo bebeu, e, bem assim, seus filhos, e seu gado? Afirmou-lhe Jesus: Quem beber desta água tornará a ter sede; aquele, porém, que beber da água que eu lhe der nunca mais terá sede; pelo contrário, a água que eu lhe der será nele uma fonte a jorrar para a vida eterna. Disse-lhe a mulher: Senhor, dá-me dessa água para que eu não mais tenha sede, nem precise vir aqui buscá-la. Disse-lhe Jesus: Vai,

chama teu marido e vem cá; ao que lhe respondeu a mulher: Não tenho marido. Replicou-lhe Jesus: Bem disseste, não tenho marido; porque cinco maridos já tiveste, e esse que agora tens não é teu marido; isto disseste com verdade. Senhor, disse-lhe a mulher, vejo que tu és profeta. Nossos pais adoravam neste monte; vós, entretanto, dizeis que em Jerusalém é o lugar onde se deve adorar. Disse-lhe Jesus: Mulher, podes crer-me que a hora vem, quando nem neste monte, nem em Jerusalém adorareis o Pai. Vós adorais o que não conheceis; nós adoramos o que conhecemos, porque a salvação vem dos judeus. Mas vem a hora e já chegou, em que os verdadeiros adoradores adorarão o Pai em espírito e em verdade; porque são estes que o Pai procura para seus adoradores. Deus é espírito; e importa que os seus adoradores o adorem em espírito e em verdade. Eu sei, respondeu a mulher, que há de vir o Messias, chamado Cristo; quando ele vier, nos anunciará todas as coisas. Disse-lhe Jesus: Eu o sou, eu que falo contigo. Neste ponto, chegaram os seus discípulos e se admiraram de que estivesse falando com uma mulher; todavia, nenhum lhe disse: Que perguntas? Ou: Por que falas com ela? Quanto à mulher, deixou o seu cântaro, foi à cidade e disse àqueles homens: Vinde comigo e vede um homem que me disse tudo quanto tenho feito. Será este, porventura, o Cristo?! Saíram, pois, da cidade e vieram ter com ele."

CAPÍTULO 1

um encontro DE RISCO

Entrando no capítulo quatro do Evangelho de João, não tardou para que algo me chamasse a atenção. No verso de número quatro, a Palavra de Deus, que nunca comete erros nem se contradiz, declara que Jesus saía da Judéia e dirigia-se para a Galiléia, afirmando no texto que *"...era-lhe necessário atravessar a província de Samaria"*.

Procurei checar algumas versões da Bíblia Sagrada, inclusive em outros idiomas, e descobri que todas fazem a mesma afirmação: *"E era-lhe necessário atravessar a província de Samaria"*. Como sei que nosso Deus nunca faz nada ao acaso, e que nosso Senhor Jesus só se movia pelo Espírito, resolvi descobrir o que estava por trás da aparente necessidade de passar, naquela ocasião, por tal província.

Já parou para pensar nisso? Por que razão era indispensável para Jesus passar por Samaria?

Bem, ocorre que, geograficamente falando, não era necessário passar por Samaria para dirigir-se à Galiléia. Muito embora Samaria estivesse localizada entre o ponto de origem e o de destino de Jesus, Ele poderia ter chegado a este por outro caminho alternativo. Na verdade, culturalmente falando, era até recomendado que se percorresse outro trajeto.

Como o próprio texto declara (V. 9), judeus e samaritanos não se relacionavam bem e procuravam evitar, quanto possível, o contato uns com os outros. Os judeus que saíam da Judéia em direção a Galiléia tomavam o caminho da costa, ladeando o mar em direção ao Norte, exatamente para evitar o contato com o território dos samaritanos.

O motivo do conflito entre judeus e samaritanos remonta aos tempos do Antigo Testamento e basicamente se resume a questões étnicas e religiosas.

Para aprofundar o entendimento acerca dessa rivalidade, seria necessário estudar o contexto histórico da monarquia em Israel. Registro apenas algumas razões básicas para uma melhor compreensão.

Ocorre que após a morte do rei Salomão, Israel voltou a dividir-se em duas partes - Reino do Sul e Reino do Norte. Samaria se tornou capital do Reino do Norte e o Reino do Sul manteve Jerusalém como sua capital política e religiosa como havia estabelecido o rei Davi.

Progressivamente o Reino do Norte foi tomado por estrangeiros e Samaria terminou rendendo-se diante do Império Assírio. Sua queda deu lugar à miscigenação de seus habitantes e provavelmente, foi esse o ponto de partida do afastamento e da rivalidade entre judeus e samaritanos, que se estendeu pelos séculos seguintes. Esse contexto histórico explica a origem dos samaritanos como um povo mal visto pelos judeus.

Sendo assim, porque a Bíblia fez questão de registrar que, quanto a Jesus, *"...era-lhe necessário atravessar a província de Samaria"*?

PREPARANDO O CENÁRIO

Como disse anteriormente, você e eu sabemos que nosso Deus nada faz sem propósitos pré-definidos. Não é?

Na verdade, toda a História da Humanidade já foi escrita e está definida por Ele antes mesmo de seu início. Por esta razão, só posso admitir que *"era-lhe necessário atravessar a província de Samaria"* por conta de um propósito.

Jesus sabia em Seu espírito que, naquele dia, as alternativas geográficas e as imposições culturais deveriam ser ignoradas porque havia um propósito a se cumprir entre a Judéia e a Galiléia, na terra dos samaritanos. Na Eternidade, o Senhor de todas as coisas já tinha um encontro marcado com certa mulher de nome desconhecido, à beira do poço de Jacó.

Mas o que esta desconhecida mulher samaritana tinha de tão importante para levar o Mestre a ignorar os caminhos alternativos e os preconceitos culturais?

Não fosse isso curioso o suficiente, Jesus ainda chega ao poço antes dela e envia seus 12 discípulos à cidade para comprarem o que comer. Por que enviar os 12 de uma só vez? Quanta comida era preciso comprar para que fossem necessários 12 homens fortes e bem preparados para carregar as compras?

Ocorre que o Senhor estava preparando o cenário apropriado para o encontro com a desconhecida samaritana. Ele tinha que ficar a sós com ela!

Mas espere aí! Judeus não podiam ficar a sós com mulheres desconhecidas! Judeus não podiam falar com samaritanos e também era deselegante pedir favores a uma mulher totalmente desconhecida, sobretudo considerando que este favor envolvia o emprego de força física para tirar a água do poço!

Jesus sempre foi um perfeito cavalheiro. O que está acontecendo com Ele nesta ocasião?

Quando Seus discípulos chegassem, ao verem-No falando com uma mulher desconhecida, a sós, sendo ela, ainda por cima, uma samaritana, certamente poderiam interpretá-Lo mal, suspeitar d'Ele, bem como julgá-Lo e, por conseguinte, abandoná-Lo.

Você entende o que isso tudo significa? Consegue perceber a gravidade do assunto? Você enxerga os riscos aos quais Jesus está se expondo de forma aparentemente desnecessária?

Seu ministério poderia terminar ali! Toda aquela situação poderia gerar confusão tal entre Seus discípulos, que eles fossem levados a abandoná-Lo, podendo vir a tecer comentários maldosos a Seu respeito, que afetassem Sua reputação e Missão.

Você sabe como são os seres humanos. Nem sempre as pessoas procuram obter esclarecimentos antes de formar uma opinião e difundi-la. Famílias e ministérios já foram destruídos por comentários maldosos ou precipitados de pessoas que acharam ter visto o mal onde não havia nem sombra dele. Não é?

Os discípulos de Jesus eram homens. Ainda eram religiosos e culturalmente contaminados contra os samaritanos e tudo que não fosse de acordo com os princípios do seu próprio meio. De fato, ninguém disse nada, não ousaram confrontá-Lo ou questioná-Lo, mas não viram com bons olhos o fato de Ele estar ali, a sós, falando com uma mulher que, além de tudo, era dos samaritanos.

"Neste ponto, chegaram os seus discípulos e se admiraram de que estivesse falando com uma mulher; todavia, nenhum lhe disse: Que perguntas? Ou: Por que falas com ela?" (João 4:27)

Sim, aquele foi um encontro arriscado. Jesus se expôs!

UM DEUS QUE NÃO MUDA

Ele ignorou as alternativas geográficas, os preconceitos culturais, as imposições religiosas, os tabus, os paradigmas étnicos. Jesus ultrapassou todos os limites humanamente desnecessários, e correu todos os riscos, porque, desde a eternidade, *"era-lhe necessário atravessar a província de Samaria"* para ter este maravilhoso encontro com a desconhecida mulher samaritana.

Mas por quê? O que esta mulher tinha de tão especial para que Jesus "desconsiderasse" todos os contras deste encontro?

Por hora, o que posso lhe dizer é que nosso Deus não muda nunca!

"Jesus Cristo é o mesmo ontem, e hoje, e eternamente." (Hebreus 13:8)

Ele agiu, contra tudo e contra todos, para encontrar-Se com a anônima mulher de Samaria. Da mesma forma, fez tudo o que pôde, fez mais que qualquer outra pessoa ou pseudo deus poderia fazer por nós, em nosso lugar, só para vir ao nosso encontro.

Ele não é surpreendente? Sim, Ele é! E continua disposto a fazer qualquer coisa para vir ao seu encontro!

"Mas Deus prova o seu próprio amor para conosco pelo fato de ter Cristo morrido por nós, sendo nós pecadores." (Romanos 5:8)

"Aquele que não poupou o seu próprio Filho, antes, por todos nós o entregou, porventura, não nos dará graciosamente com ele todas as coisas" (Romanos 8:32)

Quanto à mulher samaritana...

Sigamos juntos no texto Bíblico para descobrirmos por que aquele encontro era tão necessário, e por que ela era tão especial aos olhos do Senhor.

CAPÍTULO 2

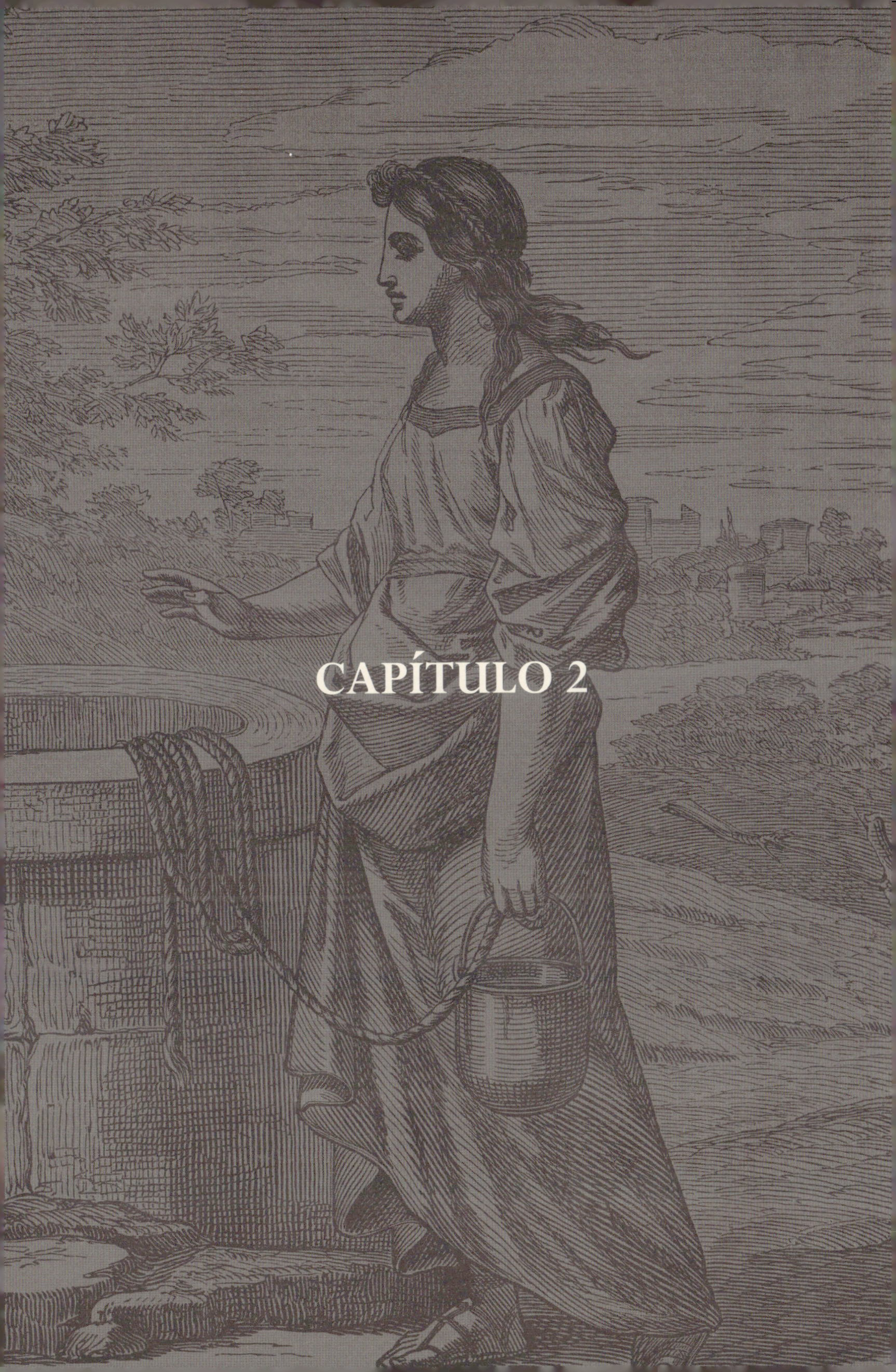

segredos REVELADOS

Durante o tempo em que Jesus esteve sobre a Terra, ensinando, curando e libertando pessoas, foi sempre seguido por uma multidão. Ele realizava milagres impressionantes, abençoando vidas e revelando Deus aos homens de uma forma que ninguém havia feito antes. Com o objetivo de gerar discípulos, aqueles que dariam sequência à Sua obra, envolveu cerca de quinhentas pessoas mais próximas de Si. Dedicou um pouco mais de atenção a setenta discípulos, dos quais separou doze que iriam representá-Lo como apóstolos e desenvolveu um relacionamento mais íntimo com Pedro, Tiago e João.

É surpreendente o fato do Mestre dedicar tanto tempo a essas pessoas, mas não ter compartilhado alguns segredos que dividiu só com a anônima mulher à beira do poço de Jacó. Naquele encontro arriscado, de modo absolutamente suave e singular, dirigiu-se à samaritana de uma forma como ela nunca havia visto um homem fazer. Ela era uma pessoa ferida e marcada em sua alma por conta de relacionamentos com vários homens. Educadamente, Jesus pediu-lhe um pouco d'água para dar início a um diálogo que mudaria sua vida por completo.

Ela é impactada pela gentileza de Jesus, tão diferente dos homens com quem se relacionava, mas recusou tirar-Lhe água do poço; afinal, a pessoa diante dela, apesar de seu semblante sereno e olhar penetrante transmitindo tanta paz, era judeu e totalmente desconhecido. Sendo assim, ele deveria tirar sua própria água.

Era meio dia, sol a pino, a samaritana, como ficou conhecida, vinha ao poço tirar água em horário completamente contrário ao habitual. As mulheres normalmente iam ao poço pela manhã ou ao finalzinho da tarde, por conta do clima mais ameno. Ela não podia se dar a esse luxo, pois sua fama não era das melhores, era mesmo preferível evitar o encontro com as mulheres da cidade. Mas o encontro com este marcante judeu que, vendo-a, não a julgou e, sem conhecê-la, a amou de maneira que ela nunca havia provado, ela não poderia evitar. Jesus, apenas por Sua presença junto ao poço, transmitia-lhe leveza, tranquilidade, liberdade e felicidade que jamais havia experimentado. Ele sabia o que estava fazendo ao provocar aquele encontro!

ELE CONHECE VOCÊ

Quem poderia ser este homem? Quem teria essa impressionante habilidade de transmitir tanto amor em um só olhar? Que outra pessoa no mundo poderia ministrar tanta graça e renovo de esperanças, alívio para o coração dolorido, refrigério para o espírito angustiado, paz para a alma cansada, num simples pedido de um pouco d'água? Quem mais poderia liberar tanto perdão no suave tom de sua voz, sem tocar nos assuntos que atormentavam a mente o tempo todo, sem falar de sentimentos de acusação que sufocam a alma?

Você já provou de tudo isto, ao menos um pouco? Não? Está precisando disso agora mesmo?

Imagine você e eu, em um momento angustiante da vida, pressão sobre nós como de sol escaldante, cansados de levar um fardo insuportável, sob acusações, sem esperanças ou perspectivas de futuro, coração quebrado por decepções frequentes, alma cansada de frustrações recorrentes, espírito aflito e sem paz, tendo um encontro de pura paz, alívio e renovação completa, mesmo sem saber explicar como?

Quem sabe esse é exatamente o momento necessário de um encontro assim!

Então, olhe para Jesus e permita que Ele fale ao seu coração. Dedique um momento de oração agora e busque-O num tempo a sós com Ele. Corra para junto de Seu "poço de amor" e receba misericórdia e graça. Permita que Ele ministre ao seu interior aquilo que só você e Ele sabem que é tão necessário receber agora.

Jesus Cristo é o único que conhece você e a mim, melhor que nós mesmos; melhor até que nós dois juntos!

Só Ele, ninguém mais, pode nos inundar com a vida que Deus tem para os que O buscam. Se você já se encontra cansado da vida que vem levando como aquela mulher samaritana, ouça o que Ele tem pra lhe dizer:

"Vinde a mim, todos os que estais cansados e sobrecarregados, e eu vos aliviarei." (Mateus 11:28)

"...eu vim para que tenham vida e a tenham em abundância." (João 10:10 b)

Por falar na samaritana, pensando em você, quase me esqueço dela. Voltemos ao poço de Jacó...

DE VOLTA AO POÇO

Já fazia tanto tempo que ela não se sentia tão bem, que nem se lembrava de um dia parecido com aquele. Mas são tantos os sentimentos diferentes que invadem sua alma, tornando aquele o dia mais feliz de sua vida e tantos os pensamentos que bombardeiam sua tão atormentada mente, que, de atordoada que está, a samaritana nem percebe que pedir água foi apenas um pretexto usado pelo Mestre para iniciar um diálogo.

Jesus teve sede, claro! Mas ao submeter-se a esta necessidade física, tão básica para seres humanos, o real interesse de Jesus não era pela água, e sim, pela samaritana.

Ainda que fisicamente estivesse com sede, o objetivo do arriscado encontro era, mais que tudo, espiritual.

Depois de iniciada a conversa, o Senhor de todo o Universo encaminha o diálogo, aprofundando-o de tal forma, que termina revelando a esta enigmática mulher, segredos que nem mesmo Pedro, Tiago e João haviam ouvido d'Ele nos momentos de mais profunda comunhão.

Primeiro Jesus lhe diz que pode dar da água da vida a quem Lhe pedir e então, neste ponto da conversa, Ele ganha a atenção da samaritana. Afinal, ela está cansada da vida repetitiva de todos os dias e da mesmice de ter que ir ao poço em busca de água cotidianamente sob o sol escaldante no meio-dia. Receber desta água que sacia a sede para sempre mudaria sua vida por completo.

É isso que Jesus faz com que todo aquele que o encontra. Completa nossa vida, dá sentido à nossa existência e muda o rumo de nosso viver para sempre, de forma absolutamente apaixonante!

"...levantou-se Jesus e exclamou: Se alguém tem sede, venha a mim e beba." (João 7:37 b)

UMA REVELAÇÃO IMPRESSIONANTE

Depois disso, quando revelou conhecer os segredos da mulher samaritana, concernentes a "seus" maridos, o Eterno Rei da Glória apresentou-se a ela como Profeta; algo de que poucos tinham conhecimento a Seu respeito até então.

"Disse-lhe Jesus: Vai, chama teu marido e vem cá; ao que lhe respondeu a mulher: Não tenho marido. Replicou-lhe Jesus: Bem disseste, não tenho marido; porque cinco maridos já tiveste, e esse que agora tens não é teu marido; isto disseste com verdade. Senhor, disse-lhe a mulher, vejo que tu és profeta." (João 4:16 - 19)

No Evangelho de João, Ele ainda não havia evidenciado esta face de Seu ministério a muitas pessoas. Mas o melhor ainda estava por vir.

Deixando outra importante revelação para o penúltimo capítulo deste livro, devo lhe dizer que, a mais importante de todas as que podemos encontrar em toda a Bíblia, Jesus compartilhou com esta intrigante mulher samaritana.

O MESSIAS VIRÁ

Num dado momento do diálogo, a samaritana revela crer que chegará o dia em que Deus enviará o Seu Messias:

"Eu sei, respondeu a mulher, que há de ir o Messias, chamado Cristo; quando ele vier, nos anunciará todas as coisas." (João 4:25)

O que ela não poderia imaginar, nem mesmo os discípulos de Jesus ou qualquer pessoa no mundo, era que Ele fosse revelar-se como Messias a ela!

"Disse-lhe Jesus: Eu o sou, eu que falo contigo." (João 4:26 - destaques meus)

Espere um minuto! Ele está revelando Seu mais íntimo segredo a uma mulher completamente desconhecida?

Quero lembrá-lo que nenhum de Seus discípulos sabia, até então, que Jesus era o Messias de Deus Pai! Isso pode não parecer importante à primeira vista, mas nem Seus familiares, nem a multidão, nem os quinhentos mais frequentes seguidores, nem os setenta mais próximos, nem os doze mais chegados, nem os três mais íntimos; ninguém, absolutamente ninguém sabia que Ele era o enviado de Deus, o Messias, o Cristo Salvador.

Ele revela Sua identidade secreta, sem nenhuma hesitação, a uma mulher que, embora fosse dos descendentes de Abraão, não poderia ser considerada parte do povo escolhido de Deus. Ela não era judia e Jesus veio primeiro para os judeus (João 1:11).

Então, isso não deveria ter sido revelado a um legítimo herdeiro de Abraão?

Que mulher é essa, para receber tão tremenda revelação acerca de quem Ele era?

Não bastasse o fato de ela acabar de descobrir quem era Jesus, o Senhor ainda usou, para revelar-se a ela, a mesma frase usada por YHWH (o Deus Criador) para revelar-se como Deus a Moisés, quando o chamou para ser o libertador de seu povo.

"Disse Deus a Moisés: EU SOU O QUE SOU. Disse mais: Assim dirás aos filhos de Israel: EU SOU me enviou a vós outros" (Êxodo 3:14 - destaques meus)

Você entende isso? É absolutamente glorioso! Jesus não apenas Se revela como o Cristo para a samaritana, mas de forma implícita, também está revelando-Se como Deus!

Se apresentar-se como o Messias já era forte o suficiente para marcar para sempre a vida da confusa mulher que hesitava em dar-Lhe água, imagine o que aconteceria a ela se tivesse conseguido discernir a resposta de Jesus e descobrir que estava falando com o Próprio Deus!

Sim, Jesus descortinou sua missão de Ungido de Deus - O Messias- e sua Divindade a uma mulher pecadora e gentia!

Isso é definitivamente glorioso e altamente relevante. Afinal, ninguém pode ser salvo sem reconhecer que Ele é o Mashiach (Messias), ou seja, o Ungido Enviado de Deus Pai; se não reconhecer que Ele é Yeshua - Jesus, o Deus Salvador!

"Respondeu-lhe Jesus: Eu sou o caminho, e a verdade, e a vida; ninguém vem ao Pai senão por mim." (João 14:6)

"Ele nos libertou do império das trevas e nos transportou para o reino do Filho do seu amor, no qual temos a redenção, a remissão dos pecados. Este é a imagem do Deus invisível, o primogênito de toda a criação." (*Colossenses 1:13-15*)

Quanto à samaritana, outra vez, tenho que perguntar: Que mulher é essa que se tornou digna de tamanha confiança? Por que Jesus, o Messias, abriu assim seu coração com ela? Definitivamente, precisamos descobrir. Você não acha?

Então, vamos ao próximo capítulo. Nele, você vai se impressionar ao conhecer a samaritana da forma como Jesus a conhecia!

CAPÍTULO 3

que mulher É ESTA?

Tirar água de um poço não é, de forma alguma, um trabalho fácil. Acrescente a isso o fato de ter que fazê-lo sob o forte sol do meio-dia. Trabalho árduo num horário desgastante pode desanimar qualquer um. Você concorda?

Mas isto ainda não é tudo. A tarefa tinha que ser realizada todos os dias, e desempenhar um trabalho cansativo num horário inadequado para tal, tendo que realizá-lo repetidas vezes, incontestavelmente é algo que forçaria qualquer pessoa a, no mínimo, pensar em desistir. Sim ou não?

Fazer o que se gosta várias vezes é bom, mas ter que repetir cotidianamente algo que não lhe proporciona prazer algum, definitivamente, se constitui em prática desgastante para a alma. Sim repetições obrigatórias e nada prazeirosas agridem a alma provocando desânimo, desinteresse, frustração, stress e, em alguns casos, depressão.

Temos ainda que lembrar o motivo pelo qual a mulher samaritana o fazia naquele horário. Ela se dirigia ao poço de Jacó todos os dias por necessidade de água; óbvio. Mas o fazia no pior horário do dia, só por uma única e forte razão: fugir da rejeição.

A triste samaritana tinha que evitar qualquer contato com as demais mulheres da cidade, que iam ao mesmo poço todos os dias em busca de água. Ela já não era bem-vinda entre as mulheres. E ela certamente já não suportava os olhares acusadores, o desrespeito, a rispidez e a agressividade com que era tratada pelas mulheres de Sicar, bem como as conversas insinuantes e com tom acusador a seu respeito, vindos de, quem sabe, algumas das que haviam sido suas melhores colegas de infância e adolescência ou suas mais íntimas amigas na juventude. Tudo isso, como resultado de seus relacionamentos com os homens da cidade.

Sua constante busca pelo "homem certo", - o "Príncipe Encantado" de seus sonhos de menina - por um relacionamento romanticamente perfeito, como aqueles dos contos de fadas, era, na verdade uma camuflagem perfeita para um vazio na alma, uma carência interior de algo que ela mesma talvez não houvesse ainda identificado. Um pai ausente pode provocar isso em qualquer pessoa, apenas para citar um exemplo.

Na verdade, muitos dos que ainda não conhecem e não provaram do amor verdadeiro e libertador de Jesus Cristo sentem na alma um enorme, angustiante e inexplicável buraco. Acertadamente afirmou, um físico e filósofo do passado, chamado Pascal, que "no coração do homem há um vazio em forma de Deus".

Quando não se sabe disso, o homem pode tentar preenchê-lo com qualquer tipo de substituto ineficaz: drogas, sexo, bebidas, trabalho; mas nada tem a forma adequada para preencher o vazio da alma, a não ser Jesus!

No caso da samaritana, múltiplos relacionamentos constituíram-se na escolha errada, na tentativa de calar o constante e ensurdecedor grito silencioso da alma.

UM DESEJO MAIS FORTE QUE TUDO

A cada relacionamento rompido, uma nova ferida se abria em seu interior e um outro alguém entrava para sua lista de tentativas frustradas. Sua má-fama crescia ainda mais e sua imagem era ainda mais enlameada na cidade. Mais gente passava a vê-la com maus olhos e, pior, mais pensamentos e sentimentos agrediam-na violentamente, fazendo-a acreditar ser ela mesma a culpada, convencendo-a de que nascera para ser infeliz; fazendo-a crer que não sabia nem merecia ser amada, que com ela nada nunca iria dar certo e que seu destino era mesmo ser usada pelos homens e não ter amigos com quem poder contar.

Ela tinha que passar por isso todos os dias. E esta guerra interior se intensificava invariavelmente ao meio-dia, quando tinha que ir ao poço buscar água. Seu mundo interior era um caos, sua alma estava em frangalhos, mas a marcada samaritana não podia mudar isso. É aí que sentimentos de impotência e fracasso ou rejeição são gerados, e neste ponto, muitos preferem desistir. Mas a perseverante samaritana, não!

Ela tinha um segredo, um desejo interior que era mais forte do que todo o turbilhão de confusão emocional que criara para si mesma, e com maior dedicação do que a que possuía para buscar o amor dos homens, com maior empenho, estava decidida a realizá-lo. Sim, ela tinha dentro de si um forte anelo espiritual que a capacitava a enfrentar tudo, todos e a si mesma.

Apesar de todas as suas falhas, erros, escolhas inapropriadas, envolvimentos e alianças emocionais decepcionantes, de todas as suas frustrações, inimigos adquiridos, pecados acumulados, e tudo, enfim, o que a samaritana queria mais que qualquer outra coisa era: aprender a adorar a Deus!

Como sei disso?

PERGUNTAS REVELAM O CORAÇÃO

Pense comigo. Se você pudesse ter um encontro, um único encontro com um verdadeiro profeta e, neste insólito e singular encontro, tivesse a oportunidade de fazer uma única pergunta, qual seria ela?

Não me diga. Deixe-me tentar descobrir...

Alguns perguntariam: Qual é a pessoa mais indicada para se casar comigo e me fazer feliz?

Outros diriam ao profeta: Que devo fazer para melhorar ou salvar meu casamento?

Quem sabe você mesmo perguntaria: Que devo fazer para mudar minha vida por completo?

Algumas moças certamente falariam ao homem de Deus: Por favor, ponha um ponto final na incerteza que angustia a minha alma e diga-me se vou me casar algum dia. Vou?

Outros, ainda, talvez a maioria, perguntariam: Revela-me, por favor, quais são os números da loteria acumulada!

No Evangelho de Marcos, capítulo 10, lemos sobre um jovem que teve a oportunidade de encontrar-se com Jesus e sua pergunta foi sobre a eternidade, sobre como ser salvo.

"Quando Jesus ia saindo, um homem correu em sua direção, pôs-se de joelhos diante dele e lhe perguntou: "Bom mestre, que farei para herdar a vida eterna?" (Marcos 10:17 - *destaques meus*)

O que quero dizer é que todos procuraríamos escolher cuidadosamente uma infalível pergunta que pudesse provocar uma resposta mágica que, de alguma forma, viesse a nos beneficiar, tornando nossa vida mais feliz. Não é?

Sim, todos fariam isso...! Todos, menos a samaritana!

Ao ver que Jesus era um legítimo Profeta, sua única pergunta feita foi acerca de como deveria proceder para que sua adoração fosse a melhor possível, a mais agradável a Deus.

"Senhor, disse-lhe a mulher, vejo que tu és profeta. Nossos pais adoravam neste monte; vós, entretanto, dizeis que em Jerusalém é o lugar onde se deve adorar." (João 4:19-20)

Ela havia aprendido que o melhor lugar para se adorar a Deus era o Monte Gerisim, segundo o costume de seu povo. Mas os judeus diziam que o lugar apropriado, o mais indicado, o perfeito lugar da adoração era a cidade de Jerusalém.

Sem saber quem, na verdade, estava certo, sua única pergunta foi sobre esta questão; afinal, seu maior desejo, seu objetivo inspirador era adorar a Deus corretamente.

Veja sua pergunta novamente e sinta o desejo de seu coração em suas palavras.

"Senhor, disse-lhe a mulher, vejo que tu és profeta. Nossos pais adoravam neste monte; vós, entretanto, dizeis que em Jerusalém é o lugar onde se deve adorar." (João 4:19-20)

Sua vontade de oferecer a perfeita adoração a Deus era tão real, tão intensa, tão profunda e tão pura, que, apesar de tudo, contra tudo e contra todos, contra sua própria alma que se constituíra em seu mais forte acusador, ela vivia lutando à espera do Messias, crendo que Ele a ajudaria a descobrir a resposta certa para seu maior anelo.

'Eu sei, respondeu a mulher, que há de vir o Messias chamado Cristo; quando ele vier, nos anunciará todas as coisas." (João 4:25)

Talvez ela tenha se revelado um tanto quanto mesquinha quando se negou a tirar água para o Senhor, e também bastante interesseira quando Jesus lhe diz que possui a água da vida, o que ela imediatamente pede para si, a fim de não ter mais que visitar o poço de Jacó todos os dias.

Sei também que ela estava mais preocupada com o que Cristo oferecia do que com quem Ele era pois nem mesmo pôde perceber, num primeiro momento, que se tratava do Messias esperado e que estava ali, bem ali diante dela. Mas, com tudo isto, esta mulher não faz você lembrar-se de alguém?

DESVENDANDO A SIMBOLOGIA

Observe:

- Ela era **Mulher**
- **Gentia**
- **Cansada** de suas tarefas e vida vazia
- **Interesseira**
- Mesquinha ou **egoísta**
- Queria mais o que o Senhor pode dar do que a Ele mesmo
- Uma **pecadora**
- **Confusa** (afinal, uma pessoa que já teve 5 maridos e agora está com um sexto homem que nem sequer lhe pertence, no mínimo é uma pessoa confusa. Não acha?)
- Mas, no fundo, no fundo, o que ela mais queria e o que a mantinha viva era o seu desejo de adorar a Deus.

Essas características não poderiam representar muitos de nós? Não nos comportamos exatamente assim algumas vezes?

Consegue identificar-se com ela, assim como eu?

É isso mesmo! A mulher samaritana, creio eu, é uma tipologia profética de cada um de nós! Somos você e eu!

Apesar de ter sido uma pessoa real, diferentemente de outras tantas pessoas que tiveram um encontro com Jesus e que, por isso, tiveram seu nome inserido nas histórias da Bíblia, nenhum nome foi dado à samaritana. Isto porque esta mulher é, na verdade, um simbolismo profético, uma representação profética, um tipo profético da Igreja de Cristo.

A Igreja é o Corpo de Cristo. Um organismo vivo, composto por todos os que n'Ele crêem (1 Coríntios 12:27). É também chamada de Noiva, Esposa do Cordeiro

(Apocalipse 21:9) e é a grande família espiritual dos filhos de Deus (Efésios 2:19). Veja como somos representados por nomes femininos. Por assim dizer, A Igreja é **Mulher,** constituída por homens e mulheres, judeus e gentios de toda a Terra, que se tornaram adoradores.

Todos viemos a Cristo quando **cansados** da vida que estávamos vivendo, **confusos**, sem saber para onde ir, sendo ainda **pecadores** que, de forma **interesseira** ou **egoísta**, buscávamos mais o que Deus podia nos dar do que a Ele mesmo.

Mas, no fundo, todos fomos criados para sermos **adoradores** do Senhor.

"Nele fomos também escolhidos, tendo sido predestinados conforme o plano daquele que faz todas as coisas segundo o propósito da sua vontade, <u>a fim de que nós</u>, os que primeiro esperamos em Cristo, <u>sejamos para o louvor da sua glória</u>." (Efésios 1:11,12 - destaques meus)

Percebe agora?

O Senhor fez tudo para encontrar-se com aquela mulher samaritana para revelar que também fará qualquer coisa para encontrar-se com você. Ele já fez o mais difícil quando morreu por você.

Ele revelou-se a ela como Messias e como Deus porque todos nós e toda a Sua Igreja precisamos reconhecer que Ele o É! Afinal, só quem O reconhece como Deus pode adorar como Ele quer.

Ele venceu todos os obstáculos para resgatá-la porque pôde ver seu coração e sabia que, no íntimo, ela era uma adoradora em conflitos. Não olhou para seus erros ou defeitos, mas para sua essência.

Da mesma forma, Jesus conhece você como ninguém, mas está disposto a perdoar e transformar sua vida, porque Ele sabe que, no íntimo, você é um adorador. Ele o criou para adorá-Lo.

"Vocês, samaritanos, adoram o que não conhecem; nós adoramos o que conhecemos..." (João 4:22)

A mulher samaritana representa a Igreja de Cristo, que pode estar em conflitos e ainda confusa quanto à razão da sua existência, que pode revelar-se ainda um tanto egoísta e interesseira, buscando mais o que Deus tem para dar do que o que Ele é na verdade. Pode ainda ser passiva de pecados e estar cansada de seus rituais religiosamente praticados em cada culto, mas ainda assim, existe para O adorar.

Assim como Ele dedicou tempo, esforço e total empenho para levar a samaritana de volta ao seu propósito e destino, assim Ele está trabalhando comigo e com você, com toda a Sua Igreja, para nos realinhar em nosso destino profético e nos recolocar no centro de Seu propósito eterno para o homem - a adoração.

Por quê? Bem, isso é o que vamos ver no próximo capítulo!

CAPÍTULO 4

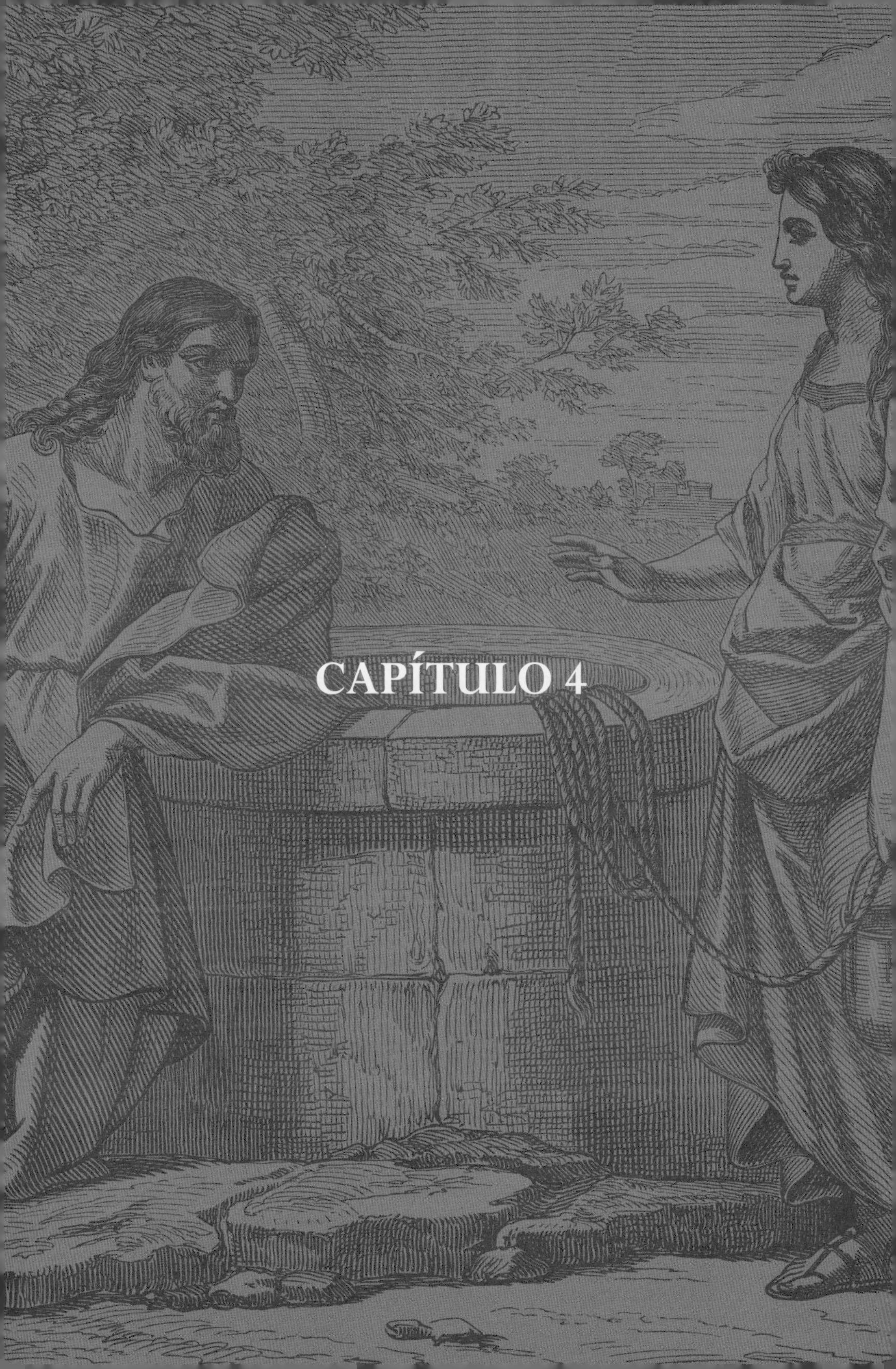

revelação e RESULTADOS

Minha família e eu temos uma amiga em comum. Uma preciosa jovem que amamos profundamente. Ela é tão cheia de vida, que sempre alegra o ambiente aonde chega. É tão talentosa, que impressiona com as obras de suas mãos. Está sempre criando algo novo e nos surpreendendo com a criatividade que possui. Ela tem um amor profundo por Jesus Cristo e por todos nós que convivemos com ela. Todos a vemos como uma jóia rara, uma pessoa especial; mas há algo que, todavia, não compreendemos.

Por conta de seu trabalho, ela normalmente tem que andar muito, deslocando-se de um extremo a outra da cidade, utilizando, na maioria das vezes, os meios de transporte público - ônibus e metrô - desta grande metrópole que é São Paulo.

E o que não entendemos e até nos deixa penalizados é ver o quanto de sobrepeso ela carrega todos os dias. São várias sacolas e bolsas de uma só vez, todos os dias. Como ela consegue? Não sabemos! Mas sempre vemos seu semblante cansado ao chegar. Sim, porque cargas excessivas cansam!

Definitivamente, não fomos criados para carregar peso em demasia. Porém, você já notou que insistentemente fazemos isso? Nem sempre são cargas físicas. Na maioria das vezes, levamos muita sobrecarga no interior, bem no fundo de nossa alma.

São preocupações, frustrações, decepções, angústias, mágoas, lembranças ruins e a culpa, apenas para citar algumas. Você reconhece alguns destes "fardos"?

Na conversa com Jesus, a mulher samaritana revela-se cansada do repetitivo trabalho diário de buscar e tirar água do poço de Jacó. Diante da fala de Cristo, ela deixa claro que, se houvesse uma oportunidade para mudar aquela situação, não a deixaria passar, não a perderia por coisa alguma neste mundo. Iria agarrá-la e mudar para sempre o cotidiano desgastante que vivia. Ela mudaria sua vida, se pudesse. Sem dúvidas!

"Disse-lhe a mulher: Senhor, dá-me dessa água para que eu não mais tenha sede, nem precise vir aqui buscá-la" (João 4:15)

DE QUEM É A CULPA?

Tenho a convicção interior de que nada incomodava mais aquela mulher do que o peso da culpa que trazia em sua alma. Um pesado fardo emocional que bombardeava sua mente dia após dia.

Ela havia procurado suprir suas carências afetivas e emocionais no amor dos homens, e frustrara-se em cinco tentativas. Só Deus sabe o quando aquela mulher sofreu, pelo que teve que passar, o que teve de suportar, a que tipo de coisas teve de submeter-se nas tentativas de ser feliz com os homens que passaram por sua vida.

Foram cinco experiências frustradas numa sequência de relacionamentos que certamente deixaram marcas e abriram feridas irreparáveis em seu coração. Agora, ela está no sexto relacionamento, com alguém que não lhe pertence, sem saber se vai dar certo e tendo que enfrentar a implacável oposição de uma sociedade religiosa e altamente discriminadora.

Não fosse isso o bastante, diariamente, o acusador, usando a culpa, atormenta a sua inquieta alma. Será que a culpada é ela? Os homens que amara não souberam valorizar ao seu amor ou é ela quem não sabe amar? Por que não foi feliz em nenhum de seus relacionamentos? O que há de errado com ela?

A culpa grita em seu interior afirmando que ela não merece ser feliz, fazendo-a lembrar de todos os seus erros e pecados, afirmando insistentemente que, se ela fosse diferente, se fosse outra pessoa, se fosse melhor do que realmente é e sempre foi, talvez, apenas talvez, tivesse uma chance de encontrar alguém ideal e ser feliz.

Este perturbador sentimento afirma violentamente que foi ela quem pôs tudo a perder nas oportunidades que lhe foram dadas; que não foi um só, mas foram cinco os homens que ela não soube amar e manter ao seu lado. Isso a faz crer que desperdiçou todas as suas oportunidades, que foi ela quem errou em todas as tentativas de constituir uma família. Que todos os homens que teve foram embora porque ninguém suporta viver com ela e que, sendo assim, não merece ser feliz.

Talvez por tudo isso é que agora ela esteja com um homem que roubou de outra pessoa ou família. As pessoas dizem que ela é vulgar, sem vergonha ou escrúpulos, e sua alma parece confirmar tudo isso. Então, não há motivos para considerar as regras de moral e conduta que a religião e a sociedade impõem. Não parece ser assim?

Além do mais, ela nem sabe se este novo relacionamento vai dar certo. Pode ser apenas mais um caso. Já passara por tantas situações, que não custava nada arriscar de novo. Não há nada a perder; afinal, nem reputação ela tem mais.

Você consegue imaginar o que ela pensa, sente e o quanto chora quando deita sua cabeça no travesseiro todas as noites?

Sim, há muita sobrecarga na alma da mulher samaritana!

O Espírito Santo está me dizendo agora mesmo, enquanto escrevo esta página, que várias pessoas que irão ler este pequeno livro estão vivendo situações semelhantes ou ao menos já passaram por algo parecido, e sua alma ainda hoje trava uma constante guerra contra a culpa e não alcançou o alívio e o descanso desejado. Nem mesmo você se perdoa. Não é? Você está aí ainda?

ONDE DEUS ESTÁ QUANDO PRECISAMOS DELE?

Bem, Jesus estava no poço de Jacó. No dia certo, no lugar certo e na hora certa, para mudar radicalmente a vida da samaritana. Agora mesmo Ele está no lugar que você precisa, onde você pode encontrá-Lo. Exatamente do seu lado!

Pare novamente a leitura e mais uma vez, dedique um tempo para orar. Fale com Deus nesse instante, mesmo que não sinta o desejo, não tenha fé suficiente ou ache que não vai adiantar. Por vezes, um passo em direção à luz é o suficiente para dissipar as trevas.

Você pode falar com Deus de forma absolutamente honesta, sem reservas. Ele ama a verdade e afirmou que ela é libertadora.

"conhecereis a verdade, e a verdade vos libertará." (João 8:32)

Deus sempre responde aos que O buscam! Você irá encontrá-Lo e experimentar liberdade!

Jesus declarou que nunca rejeita os que O buscam.

"... o que vem a mim, de modo nenhum o lançarei fora." (João 6:37)

Você só não pode deixar de colocar o coração na sua oração.

"Buscar-me-eis e me achareis quando me buscardes de todo o vosso coração." (Jeremias 29:13)

John Bunyan, autor do Best Seller "O Peregrino" (1.687), declarou: Na oração, é melhor ter um coração sem palavras do que palavras sem um coração.

CRIADOS PARA ADORAR

Por um momento, quase me esqueço da samaritana outra vez. Ela ainda tem mais a nos ensinar.

Já vimos que, apesar de toda a desordem se seu mundo interior, a atribulada samaritana, em algum lugar, no fundo de seu coração, ainda mantinha acesa a chama do desejo maior de sua vida: adorar a Deus da melhor forma possível.

Questionado por ela sobre qual seria o lugar apropriado para fazê-lo, Jesus lhe deu uma resposta absolutamente reveladora.

"Disse-lhe Jesus: Mulher, podes crer-me que a hora vem, quando nem neste monte, nem em Jerusalém adorareis o Pai. Vós adorais o que não conheceis; nós adoramos o que conhecemos, porque a salvação vem dos judeus.
Mas vem a hora e já chegou, em que os verdadeiros adoradores adorarão o Pai em espírito e em verdade; porque são estes que o Pai procura para seus adoradores. Deus é espírito; e importa que os seus adoradores o adorem em espírito e em verdade." (João 4:21-24)

Espere um pouco. Jesus está compartilhando com a mulher gentia outra grande revelação? Sim, Ele está!

Depois de lhe dizer que Ele mesmo era o Cristo, o Messias Ungido enviado por Deus, e de deixar-Se ver como o próprio Deus, agora Ele revela algo sobre a razão da existência humana.

Desejando saber qual o melhor lugar para se adorar a Deus, a samaritana agora descobre que a adoração ao Senhor não pode limitar-se a um lugar, seja ele um monte ou cidade, mas deve ser adotada por todos como um estilo de vida.

Sim, o que Jesus quis dizer com *"vem a hora e já chegou, em que os verdadeiros adoradores adorarão o Pai em espírito e em verdade"* é que todos aqueles que realmente desejam adorar ao Pai, os verdadeiros adoradores de Deus, irão ministrar sua adoração de forma pessoal, independentemente de um lugar, de cerimônias e rituais, de cultos, de outras pessoas e de situações. Irão fazê-lo o tempo todo, vivendo uma vida em espírito e em verdade, fazendo da adoração o seu estilo de vida!

Definitivamente, temos que admitir o fato de que fomos criados por Deus e para Ele, com o objetivo de adorá-Lo.

Por duas vezes, num mesmo capítulo das Sagradas Escrituras, o Espírito Santo nos faz esta clara afirmação. Veja:

"Bendito o Deus e Pai de nosso Senhor Jesus Cristo que nos tem abençoado com toda sorte de bênção espiritual nas regiões celestiais em Cristo, assim como <u>nos escolheu, nele, antes da fundação do mundo</u>, para sermos santos e irrepreensíveis perante ele; e <u>em amor nos predestinou para ele</u>, para a adoção de filhos, por meio de Jesus Cristo, segundo o beneplácito de sua vontade, <u>para louvor da glória de sua graça</u>, que ele nos concedeu gratuitamente no Amado, (...) nele, digo, no qual fomos também feitos herança, <u>predestinados segundo o propósito</u> daquele que faz todas as coisas conforme o conselho de sua vontade, a fim <u>de sermos para louvor de sua glória</u>, nós, os que de antemão esperamos em Cristo..." (Efésios 1:3-6, 11-12 - destaques meus)

Todo ser humano foi criado para a glória de Deus. Para viver de forma a glorificá-Lo com sua existência. O Criador nos fez para sermos d'Ele e nos relacionarmos com Ele. A adoração nos permite viver este propósito, porque foi o Senhor mesmo quem decidiu que assim deveria ser. Você precisa entender isso!

ADORAÇÃO E COMUNHÃO

A Palavra de Deus nos permite saber que lúcifer era o anjo-querubim responsável pela adoração nos Céus.

"Estavas no Éden, jardim de Deus; (...) a obra dos teus tambores e dos teus pífaros estava em ti; no dia em que foste criado, foram preparados. Tu eras querubim ungido..." (Ezequiel 28:13-14 - Revista e Corrigida - destaques meus)

No dia em que lúcifer foi criado, Deus lhe preparou instrumentos musicais, pois ele fora criado para a música. Era como que um regente do coro universal, um maestro da criação, o mais íntimo ministro de adoração ao Senhor. Porém, lúcifer gerou o pecado dentro de si. Orgulho e rebelião foram motivos suficientes para que perdesse seu posto, sua autoridade e a intimidade com YHWH.

O Soberano o expulsou de Sua Presença, precipitando-o para fora do Céu e transformando-o em príncipe das trevas. Toda a luz que havia nele (lúcifer significa literalmente "portador da luz") em trevas se tornou.

Depois do que aconteceu com lúcifer, o Senhor Deus criou ao homem à Sua Imagem e semelhança, e deu-lhe Seu Espírito. Soprou em suas narinas o fôlego de vida, tornando-o pouco menor que Deus.

"Também disse Deus? Façamos o homem à nossa imagem, conforme a nossa semelhança (...). Criou Deus, pois o homem à sua imagem, à imagem de Deus o criou; homem e mulher os criou." (Gênesis 1:26-27)

"... que é o homem, que dele te lembres? E o filho do homem, que o visites? Fizeste-o, no entanto, por um pouco, menor do que Deus e de glória e de honra o coroaste." (Salmo 8:4-5)

Talvez você esteja se perguntando: por que Deus fez assim ao homem? A resposta é bastante simples. Você só pode se relacionar com o seu semelhante. Se lembra disso?

Então...

Com a queda de lúcifer e seus anjos um lugar ficou vazio diante de Deus. O lugar dos adoradores.

Assim, o Senhor de toda a criação decidiu criar o homem para ocupar este espaço e para relacionar-se com Ele. É por isso que a adoração é a razão de nossa existência. É porque ela nos aproxima de Deus, permitindo relacionamento com Ele na intimidade. Fomos criados por Ele e para Ele, e é a adoração que permite a comunhão.

Na verdade, adoração é um sinônimo de comunhão; afinal, adorar a Deus sem conhecê-Lo é impossível. Conhecê-Lo e não adorá-Lo é incoerente. Adorá-Lo e não desejá-Lo mais, não querer estar cada vez mais perto e ser cada vez mais parecido com Ele, é inconcebível.

"Vós adorais o que não conheceis; nós adoramos o que conhecemos..." (João 4:22)

"Este povo honra-me com os lábios mas o seu coração está longe de mim. E em vão me adoram..." (Mateus 15:8-9)

Sem dúvida, posso afirmar que a adoração foi a estratégia que Deus criou para poder Se encontrar conosco e Se relacionar com aqueles que Ele criou para isso!

Assim como lúcifer perdeu a comunhão com o Eterno quando pecou, o primeiro homem, que também desfrutou de intimidade com o Senhor, a perdeu pelo mesmo motivo. Adão perdeu também a imagem e a semelhança de Deus que possuía em seu caráter. Após o pecado, ele passou a gerar uma raça de pecadores.

"Este é o livro da genealogia de Adão. No dia em que Deus criou o homem, à semelhança de Deus o fez; homem e mulher os criou, e os abençoou, e lhes chamou pelo nome de Adão, no dia em que foram criados. Viveu Adão cento e trinta anos, e gerou um filho à sua semelhança, conforme a sua imagem, e lhe chamou Sete." (Gênesis 5:1-3 - destaques meus)

E DEUS SE FEZ UM DE NÓS!

Após a queda de Adão, Deus fez tudo para que o homem voltasse a Ele. Até que, então, Ele mesmo decidiu Se tornar um de nós. E Se fez homem!

"E o Verbo se fez carne e habitou entre nós, cheio de graça e de verdade, e vimos a sua glória, glória como do unigênito do Pai." (João 1:14)

Ele desejava tanto a comunhão, o relacionamento conosco, a intimidade com Seus filhos outra vez, que impossibilitado de Se relacionar conosco por sermos nós pecadores, tornou-Se então um de nós, porque você só pode relacionar-se com o seu semelhante. Isso não é maravilhoso?

Tão grande é o Seu amor, que podendo simplesmente nos abandonar e Se esquecer do homem, Ele preferiu vir nos salvar, nos resgatar para retomar a comunhão idealizada desde o princípio. Para isso, Se fez um de nós, com o propósito de nos levar a ser como Ele outra vez. Não há maior amor que este!

"Mas Deus prova o seu próprio amor para conosco pelo fato de ter Cristo morrido por nós, sendo nós ainda pecadores." (Romanos 5:8)

"O Verbo estava no mundo, o mundo foi feito por intermédio dele, mas o mundo não o conheceu. Veio para o que era seu, e os seus não o receberam. Mas, a todos quantos o receberam, deu-lhes o poder de serem feitos filhos de Deus, a saber, aos que crêem no seu nome; os quais não nasceram do sangue, nem da vontade da carne, nem da vontade do homem, mas de Deus." (João 1:10-13)

O que isso tudo tem a ver com adoração?

ADORAÇÃO E SEMELHANÇA

Jesus veio nos tornar como Ele novamente. Fez-Se um de nós para nos salvar e poder restaurar em nós Sua imagem e semelhança, perdidas pelo pecado. Ao nos salvar, Ele nos chama para adorar porque deseja relacionar-Se conosco e agora pode fazê-lo, porque somos semelhantes a Ele outra vez.

Então, a adoração nos aproxima, permitindo a comunhão. A comunhão gera relacionamento que, por sua vez, produz intimidade. Por esta intimidade, a semelhança se consolida em nós. O homem se torna semelhante ao Deus que adora!

"Não a nós, SENHOR, não a nós, mas ao teu nome dá glória, por amor da tua misericórdia e da tua fidelidade. Por que diriam as nações: Onde está o Deus deles? No céu está o nosso Deus e tudo faz como lhe agrada. Prata e ouro são os ídolos deles, obra das mãos de homens. Têm boca e não falam; têm olhos e não vêem; têm ouvidos e não ouvem, têm nariz e não cheiram. Suas mãos não apalpam; seus pés não andam; som nenhum lhes sai da garganta. <u>Tornem-se semelhantes a eles os que os fazem e quantos neles confiam</u>. Israel confia no SENHOR; ele é o seu amparo e o seu escudo." (Salmo 115:1-9 - destaques meus)

Nosso Deus não precisa de adoração. Ele tem a perfeita adoração no Céu. Se O adoramos, Ele será nosso Deus; se não, Ele continuará sendo Deus!

Porém, como nos criou para Ele e nos ama de forma incondicional, YHWH insiste em nos tornar Seus e estabeleceu a adoração como o caminho mais fácil para isso.

Você O adora e Ele Se deixa atrair. Ele sempre vem ao encontro de Seus adoradores! Foi isso que Jesus revelou para a samaritana.

"Mas vem a hora e já chegou, em que os verdadeiros adoradores adorarão o Pai em espírito e em verdade; porque são estes que o Pai procura para seus adoradores. Deus é espírito; e importa que os seus adoradores o adorem em espírito e em verdade." (João 4:23-24)

Desta forma, Ele nos faz entender de maneira muito clara que o Pai não busca adoração para Si, mas procura, sim, os Seus adoradores. Aqueles que estejam dispostos a adorá-Lo em espírito e em verdade - de modo espiritual e sem artifícios, sem mentiras.

É aí que adoração passa a ser um estilo de vida, porque os adoradores que o Pai procura são os que estão decididos a não viver sob o controle da carne, mas em espírito, vencendo a mentira para viver em verdade.

Quando a vida em espírito e em verdade passa a ser uma realidade para nós, quando nos empenhamos em vencer a carne, a mentira e suas inclinações pecaminosas, nos tornamos plenamente consagrados ao Senhor e, a partir de então, tudo o que fizermos, todo o nosso viver será uma constante, viva e profunda adoração ao Deus que nos criou!

Sendo assim, afirmo-lhe com segurança que a adoração nos coloca no centro da vontade de Deus. Ela nos alinha ao Seu propósito para nossa existência. Isso nos permite cumprir o plano perfeito do Senhor para nossas vidas e ainda nos torna mais eficazes no trabalho de levar outros ao Seu conhecimento.

Não fosse isso o bastante, pela adoração podemos também nos livrar de toda sobrecarga que faz a vida mais difícil do que deveria ser.

Foi isso que aconteceu com a samaritana. Quando ela descobriu que podia adorar, não só no monte, não só em Jerusalém, mas em todo o tempo, com uma vida espiritual pautada pela verdade, ela deixou para trás tudo o que fazia. Deixou seus cântaros, suas tarefas repetitivas, seus velhos e desgastantes afazeres, suas mentiras, deixou tudo, inclusive seus velhos fardos emocionais.

Mais leve e livre que em qualquer outro momento de sua vida, quase que podendo voar, feliz como nunca se sentira antes, entrou na cidade, entusiasmada com o encontro com o Homem que a livrou de suas cargas, de sua culpa e de tudo mais que a violentava emocional e espiritualmente, convidando toda a cidade a conhecê-Lo.

"Quanto à mulher, deixou o seu cântaro, foi à cidade e disse àqueles homens: Vinde

comigo e vede um homem que me disse tudo quanto tenho feito. Será este, porventura, o Cristo?! Saíram, pois, da cidade e vieram ter com ele." (João 4:28-30)

Todo ser humano foi criado para ser um adorador e pode ser completamente livre ao se tornar o que nasceu para ser. Lamentavelmente, sob a influência do engano, das trevas ou da religião, numa tentativa de satisfazer o desejo de conhecer o Deus verdadeiro e de saciar sua sede por adorá-Lo - muitas vezes não identificada, mas real em seu interior - muitos buscam deuses que não são Deuses para adorar, e acabam mais sobrecarregados e frustrados ainda.

Mas aqueles que vierem ao encontro de Jesus Cristo e puderem reconhecê-Lo como Deus Salvador poderão adorá-Lo a todo tempo, em qualquer lugar, vivendo em espírito e em verdade, e experimentando, assim, a satisfação de viver de acordo com a boa, agradável e perfeita vontade de Deus.

Isso não só nos torna felizes de verdade, como também nos faz capazes de levar a Presença de Deus a outros que ainda não O conhecem. Exatamente como a samaritana!

Quer superar a culpa e deixar outros fardos que possam estar pesando sobre seu coração e alma? Quer deixar para trás tudo o que é velho, repetitivo e desgastante? Quer ser livre dos velhos cântaros que já não são suficientes para saciar sua sede de viver? Deseja tornar-se mais influente, levando outros também a uma vida com sentido, com propósito?

Dedique-se a viver em espírito e em verdade. Decida-se pela adoração ao Senhor como seu estilo de vida. Você conhecerá, desfrutará e se tornará mais parecido com o Deus que Se fez homem. Sua vida será radicalmente transformada para que você possa ser o que nasceu para ser: Um verdadeiro adorador!

CAPÍTULO 5

retornando ao PROPÓSITO

Após todas as descobertas geradas por aquele insólito encontro com Cristo, a mulher samaritana entrou na cidade e, aos gritos, chamava todos para virem ao Seu encontro também.

"Vinde comigo e vede um homem que me disse tudo quanto tenho feito. Será este, porventura, o Cristo?! Saíram, pois, da cidade e vieram ter com ele." (*João 4:29-30*)

Ela teve que vencer todas as barreiras emocionais, todo o preconceito e rejeição que enfrentava há anos na cidade de Sicar, mas estava sob o forte impacto causado por Jesus em seu espírito e sob a incontestável convicção espiritual de que havia encontrado o Messias.

A samaritana não podia se calar. Ela tinha que anunciar a todos que o Salvador, a Fonte da Vida, estava ao poço, na fonte de Jacó.

Quase posso ouvi-la gritando:

Venham, venham todos! Depressa.... Corram! Encontrei, encontrei o Messias!

Lágrimas provocadas por uma indescritível alegria correm por seu rosto ainda senil pelas marcas do tempo; porém, que não mais apresenta um semblante amargurado. Ela está tão entusiasmada, que seus olhos irradiam verdade, confirmando o que ela diz.

Vamos, é verdade! Acreditem em mim, pelo menos uma vez...

Ora, vejam só... Ela nem se lembra de tudo o que passou em sua pequena cidade naqueles anos todos em que ninguém a tratou com misericórdia e amor, fazendo-a lembrar-se de seus erros e pecados todos os dias.

Erros? Pecados? Não... Nem mesmo disso ela consegue se lembrar. A experiência com Jesus a capacitou a perdoar-se e a perdoar todos.

Em seu semblante outrora descaído, abatido e envergonhado, a tristeza agora dá lugar a um sorriso que ilumina e transmite sentimentos nada parecidos com os que a torturavam antes. E, então, grita, grita ainda mais eufórica e entusiasta...

- Vocês precisam vir. Precisam vê-Lo e conhecê-Lo. Ele disse tudo sobre mim, tudo o que eu precisava ouvir e muito mais. Não será Ele o Messias?

Em seu coração e alma, nenhum sentimento ou pensamento é mais forte do que a bendita sensação de perdão, aceitação e amor que Jesus lhe transmitira.

Uma canção que retrata tão bem o momento é a de Jorge Camargo, compositor e cantor que marcou a história da adoração no Brasil. Nela, ele nos faz acreditar que ela precisava e provavelmente gritava assim:

"Não me tratou como os outros, me olhou como gente, chegou-me a dizer: Se você soubesse Quem sou, logo me pediria e a água da vida eu daria a você. Daria razão pra viver!"

Talvez ainda afirmasse: Venham a Ele todos. Ele acaba de mudar minha vida para sempre. Mudará a de vocês todos também!

E realmente mudou...! Samaria nunca mais foi a mesma depois desse dia!

"Muitos samaritanos daquela cidade creram nele, em virtude do testemunho da mulher, que anunciara: Ele me disse tudo quanto tenho feito. Vindo, pois, os samaritanos ter com Jesus, pediam-lhe que permanecesse com eles; e ficou ali dois dias." (João 4:39-40)

Um judeu ficou na companhia de samaritanos por dois dias? Sim! E muito mais que isso. O Deus que se fez homem ficou com eles! Assim como quer ficar com você para sempre!

Agora imagine isso. Se, num só encontro, Jesus mudou a vida de uma mulher que influenciou uma cidade toda, quantos não devem ter sido tocados, libertos, curados, marcados e transformados para sempre depois de desfrutarem de Sua companhia e de ouvirem Seus ensinos durante dois dias?

E a samaritana? Não consigo vê-la noutro lugar senão aos pés de Jesus o tempo todo. Bebendo, mais que qualquer um ali, da Água da Vida que saciou sua sede para sempre.

Depois daqueles dias, para saciar sua necessidade física, ela teria que voltar ao poço de Jacó como em todos os dias. Mas, agora, tudo era diferentes. Nem mesmo os cântaros representavam fardos e sobrecargas; afinal, ela podia saciar-se espiritualmente, indo todos os dias ao Manancial de Vida e Paz!

"Respondeu-lhe Jesus: Eu sou o caminho, e a verdade, e a vida..." (João 4:14 a)

"Deixo-vos a paz, a minha paz vos dou; não vo-la dou como a dá o mundo. Não se turbe o vosso coração nem se atemorize." (João 14:27)

"... aquele, porém, que beber da água que eu lhe der nunca mais terá sede..." (João 4:14 b)

"... eu vim para que tenham vida e a tenham em abundância." (João 10:10 b)

COMPARTILHANDO VIDA

A mulher samaritana agiu como os verdadeiros adoradores fazem sempre. Após descobrirem que n'Ele há perdão, amor, aceitação, cura, paz, liberdade, vida abundante e todas as boas dádivas de Deus, eles nunca mais se calam. Querem e se dedicam a fazer com que todos também O conheçam.

Na verdade, esta foi a recomendação de Jesus a Seus discípulos, que ficou conhecida como a "Grande Comissão".

"Jesus, aproximando-se, falou-lhes, dizendo: Toda a autoridade me foi dada no céu e na terra. Ide, portanto, fazei discípulos de todas as nações, batizando-os em nome do Pai, e do Filho, e do Espírito Santo; ensinando-os a guardar todas as coisas que vos tenho ordenado. E eis que estou convosco todos os dias até à consumação do século." (Mateus 28:18-20)

Sim, todos os que O conhecem devem dedicar suas vidas para fazê-Lo conhecido. Como aconteceu com a samaritana, a vida de quem foi transformado pelo Autor da Salvação deve tornar-se um testemunho vivo de Seu amor e verdade.

Mas lembra-se do que lhe disse há pouco? Em Sicar, a samaritana e todos os demais que O conheceram e foram por Ele iluminados, para saciar sua necessidade física, teriam que voltar ao poço de Jacó como sempre.

Quanto a nós, se desejarmos nos manter cheios de Sua Presença Viva, termos que ir a Ele todos os dias.

E é a adoração que permite o encontro diário!

"E não vos embriagueis com vinho, no qual há dissolução, mas enchei-vos do Espírito, falando entre vós com salmos, entoando e louvando de coração ao Senhor com hinos e cânticos espirituais (...)" (Efésios 5:18-19)

O CHAMADO PRINCIPAL

Com respeito à Igreja de Cristo, ela também se livrará de seus cântaros vazios, cultos repetitivos e cansativos, programas denominacionais improdutivos, projetos humanos vazios e ineficazes, tornando-se mais eficiente, podendo alcançar cidades inteiras, quando retornar e dedicar-se mais que tudo ao seu propósito principal: adorar o Rei dos reis - Jesus Cristo.

Isso tornará seus resultados na Grande Comissão de Jesus muito mais abundantes! Porque quem adora atrai Sua Presença e, quando Ele se manifestar, cidades inteiras virão ao Seu Encontro!

Todo comissionamento ou vocação que possamos receber de Deus constitui-se em chamado secundário. Sermos apóstolos, pastores, evangelistas, mestres e profetas, bem como advogados, médicos, engenheiros, etc., é nosso chamado ministerial ou profissional, e isso é secundário.

Nosso chamado primário é um chamado existencial. Como filhos e servos de Deus, fomos chamados para sermos adoradores!

A samaritana, que nos representa, quando entendeu isso, deixou tudo e se dedicou a levar outros mais ao conhecimento de Jesus.

Deixe você também os cântaros vazios - aquilo que não pode saciar sua sede interior de comunhão com Deus. Deixe seus fardos emocionais e cargas espirituais aos pés do Doce e Santo Salvador - Yeshua.

Encontre na adoração sua razão de viver, o motivo de sua existência. Assim, você encontrará em Jesus a água viva e eterna que pode saciar a sua sede!

> *"Quem crer em mim, como diz a Escritura, do seu interior fluirão rios de água viva".* (João 7:38)

CONCLUSÃO

Naquela ensolarada tarde, à beira do poço de Jacó, Jesus Cristo - o Senhor da Glória - teve sede. Parado ali, dispensou Seus discípulos e preparou o ambiente para um encontro que entraria para a História do Livro Santo - A Bíblia.

Resgatar a vida de uma ovelha perdida e recolocá-la em seu destino profético e eterno seria mais uma de Suas inúmeras ações de compaixão e misericórdia, elementos tão presentes nos atos de Jesus, que confirmam sempre o quanto Ele nos amou.

Ele operou de forma transformadora na vida de muitas outras pessoas. Suas obras, na verdade, foram tantas, que o próprio Apóstolo João declarou ter sido impossível registrar todas.

"Jesus fez diante dos discípulos muitos outros milagres que não estão escritos neste livro." (João 20:30)

Mas, naquela tarde, o encontro com a samaritana revelou um Jesus homem, humano, que, cansado e com sede, pára junto ao poço de Jacó e pede a uma mulher por água.

Ele sentiu necessidades e fragilidades como qualquer um de nós. Mas as superou para falar com a mulher durante um longo tempo.

Por quê?

Acontece que, quando o Soberano Rei Altíssimo sujeitou-se a passar por todas as necessidades, pressões, sofrimentos e fragilidades humanas, quando decidiu tornar-se um de nós e passar por tudo que um ser humano enfrenta em sua breve e passageira vida terrena, quando submeteu-se a sentir as mesmas dores e aflições, tentações, carências e experiências de qualquer mortal, o Deus Eterno estava, na verdade, revelando Sua maior sede. A sede de um Pai amoroso que sabe o que é melhor para Seus filhos e que, sendo assim, não mede esforços para tê-los junto de Si.

Através da samaritana, Jesus revelou a você e a mim que tem sede insaciável de comunhão com Seus adoradores.

Ao submeter-se a uma das mais básicas necessidades físicas do ser humano - a sede - Jesus estava revelando Sua maior sede: a de ter consigo os que criou para Si e que amou acima de qualquer outra coisa.

Quando Seus discípulos regressaram com comida naquele tarde e Lhe ofereceram o que haviam comprado e preparado, surpreenderam-se com Sua resposta.

"Nesse ínterim, os discípulos lhe rogavam, dizendo: Mestre, come! Mas ele lhes disse: Uma comida tenho para comer, que vós não conheceis. Diziam, então, os discípulos uns aos outros: Ter-lhe-ia, porventura, alguém trazido o que comer? Disse-lhes Jesus: A minha

comida consiste em fazer a vontade daquele que me enviou e realizar a sua obra." (João 4:31-34)

Sim, a comida e a bebida de Jesus, o que sempre o sustentou e manteve suprido para para cumprir Sua missão foi fazer a vontade do Pai.

E a vontade do Pai é que nos rendamos ao Filho, porque por meio d'Ele é que o Pai pode nos ter de volta como filhos e como adoradores.

Não há nada que o Pai deseje mais. Ele deu Seu Filho Primogênito para poder ter-nos a todos, como filhos também.

"Porque Deus amou ao mundo de tal maneira que deu o seu Filho unigênito, para que todo o que nele crê não pereça, mas tenha a vida eterna." (João 3:16)

"Veio para o que era seu, e os seus não o receberam. Mas, a todos quantos o receberam deu-lhes o poder de serem feitos filhos de Deus, a saber, aos que crêem no seu nome; os quais não nasceram do sangue, nem da vontade da carne, nem da vontade do homem, mas de Deus." (João 1:11-13)

"E a vontade de quem me enviou é esta: que nenhum eu perca de todos os que me deu…" (João 6:39 a)

Noutra situação em que Jesus manifestou estar com sede, Ele também estava pensando em você. Foi na cruz, quando Se entregava por nós, que Ele declarou estar sentindo sede novamente.

"Depois, vendo Jesus que tudo estava consumado, para se cumprir a Escritura, disse: Tenho sede!" (João 19:28)

Você vê?

Tanto quando falava com a samaritana para mudar por completo seu destino e sua vida, bem como, quando se entregava por nós na cruz, para nos conceder vida plena, satisfatória, feliz e eterna, Jesus afirmou ter sede.

Sim, é de nós que Ele tem sede! De todos aqueles que Ele veio salvar. De todos quantos Ele ama incondicionalmente.

Que ao entender estas verdades, sua sede por Ele possa tornar-se semelhante à d'Ele por nós. Porque assim, sua adoração se intensificará e o levará à Sua Santa e Indescritível Presença, mais e mais.

Por fim, isso o capacitará a levar outros ao conhecimento do Deus que a tudo e a todos pode transformar.

Jesus abençoe você, adorador (a)!

Nota

Por decisão do autor, as palavras que tenham a ver com o inimigo de Deus, ainda que nomes próprios, constam aqui propositalmente grafadas em letras minúsculas, pois o autor entende que este ser e o que a ele concerne não merecem qualquer forma de honra.